ブックレット《アジアを学ぼう》別巻 ⑰

中野隆基

ボリビアの先住民と言語教育

あるベシロ語（チキタノ語）教師との出会い

風響社

ボリビアの先住民と言語教育
――あるベシロ語(チキタノ語)教師との出会い

中野隆基

はじめに

1　ボリビアとはどのような国か――自然環境・人・言語の多様性

ボリビアは、南米大陸の中心に位置する内陸国である。全人口はおよそ一一〇〇万人。面積は日本の約三倍である。ボリビアに、どのようなイメージを思い浮かべるだろうか。何も浮かばないとしても、ウユニ塩湖の名は、聞いたことがあるかもしれない。ウユニ塩湖の標高は、三〇〇〇メートル以上、アンデス山脈の高原地帯に位置する。学部時代、はじめてボリビアに留学した当初、筆者が抱いていたボリビアのイメージはまさにこのような高原地帯の風景であった。雨季にはジャガイモ畑の花が咲き、葉の緑色が映えるが、それ以外の時期は荒涼とした土の大地だ。朝晩は冷え込み、最も寒い六月などは、山から冷たい風が吹きつける。政治機能が集中する実質的な国の首都であるラ・パス市も、標高三〇〇〇メートルから四〇〇〇メートルに位置し、高い山々に囲まれている(図1)。

本書の舞台となるチキタニア地方は、このようなアンデスの高原地帯から東へ飛行機とバスで移動した低地にあり、自然環境も異なる。ボリビア東部低地のサンタ・クルス国際空港に到着する際に見える風景は、森林や草原、

図1　標高3,600mを超えるラ・パス市の風景。奥にはイリマニ山（6,400m）が見える（筆者撮影）。

湿地やうねる大河などが広がる。空港に降り立つと、じっとりと湿度が高く生暖かい空気が肌にまとわりついてくる。チキタニア地方に行くには、サンタ・クルス市からさらにまたバスで五時間から八時間ほど東に行かなければならない。そこはもうブラジルとの国境地帯である。このような辺境に位置するチキタニア地方は、うっそうとした森や大規模な放牧地が広がる（図2）。

自然環境に加え、人や言語もまた多様である。高原のラ・パス市や近隣の村落では、スペイン語を使用する人々に加え、先住民言語のアイマラ語をスペイン語と併用する、先住民アイマラの人々がいる。チキタニア地方では、祭りや親族の訪問時などで、ベシロ語（チキタノ語）も使用する先住民チキタノの人々と出会った。こうした多様性は、ボリビアという国の特徴といえるだろう。

2　今日のボリビアの政治改革と本書の問い

二〇一二年の国勢調査によると、ボリビア国内には独自の言語をもつ三六の民族が居住している［INE 2012］。国内の多様性をどのように管理・運営するかは、今日のボリビアにおける重要な課題の一つである。このような問題意識は、二〇〇六年にボリビアの歴史上はじめて先住民出身のエボ・モラレスが大統領に就任し、その後ボリビアの正式名称に「ボリビア多民族国（Estado Plurinacional de Bolivia）」が採用されたことにも端的に表れている。これは、二〇〇九年に先住民の権利向上をうたう新憲法が発布されたのをきっかけに、「ボリビア共和国（República de Bolivia）」から変更されたものである。また、モラレス政権は民族の多様性を、国民が相互に認め合い、同時に個別の言語や文化の結束を強化するため法律の整備を進め、その重要な役割を先住民言語教育に担わせた。

このような政策は、はたして実際にはどのように進行しているのだろうか。多様性を認め合い、同時にそれぞれの言語や文化を強化・復興していくということは、簡単に実現できるものなのだろうか。

先住民言語教育を進めている、隣国エクアドルで問題となったのは、ある言語の文語（体）を整備しようとすると、地域変種（地域の言葉）が教育の現場から捨象されてしまうことである。多様性を互いに理解することが目的であるはずの先住民言語教育が、むしろ一つの「言語」に括られることで地域変種の多様性を疎外してしまうのである［Wroblewski 2010、cf. 渡邊 二〇〇七］。多文化・多言語主義を掲げるボリビアでも、このような地域変種の多様性と一元的な言語政策の矛盾が生じてはいないだろうか。これが本書の出発点である[1]。

本書では、ボリビアの先住民言語教育の実態に迫るため、チキタニア地方に居住する先住民チキタノが使用する言語、ベシロ語（チキタノ語）の教育政策がどのように行われているか、ベシロ語教師ルベンの語りと授業実践から考えていく。そのために、ボリビアという国家の歴史、本書の舞台であるチキタニア地方に居住するチキタノとベシロ語について、簡単な紹介も行いたい。

図2　サンタ・クルス市〜コンセプシオン市間のチキタニア地方の風景（筆者撮影）。

本書は次の構成をとる。第一節では、チキタノとベシロ語、チキタニア地方の政治情勢、同地方におけるベシロ語教育の位置付けについて述べる。第二節では、ボリビアが「多民族国家」と名乗るまでの概略と、そのような歴史的な流れの中で、チキタノとベシロ語を取り巻く状況がどのように変化してきたのか、その経緯について述べる。第三節では、筆者が生活を共にしたロメリーオ地域出身のベシロ語教師ルベンが、どのような生い立ちをもち、どのようなべシロ語教育観をもっているのかを彼の語りから考えていく。第四節では、実際の彼の授業はどのようなものか、筆者に対する個人授業と学校における授業から示しつつ、ボリビアにおける多文化・多言語政策の問題点を考えていく。

一　チキタニア――そこに住む人々と言語

1　チキタニア地方、チキタノ、ベシロ語（チキタノ語）について

まず、本書の舞台であるチキタニア地方の概要とそこに居住する先住民チキタノ、そしてチキタノが使用する先住民言語ベシロ語（チキタノ語）について説明しておきたい。

チキタニアとはサンタ・クルス県東部に位置する地域の慣習的な呼称であり、環境区分の名称でもある。二八万平方キロメートルと広大な面積を有し（日本の総面積は約三七万八〇〇〇平方キロメートル）、気候においても、雨量の多く緑に覆われている北部から、より乾燥した南部まで多様である［Díez Astete 2011］。

チキタニア地方も含め、現在のボリビアは、独立以前はスペイン領であった。植民地統治では、祖国を離れたスペインの王室に対する忠誠心を維持すると同時に、異教徒である先住民を改宗させ、王室の支配下に置く必要があった。その必要性に応えるため展開されたのが、キリスト教の布教活動である［Klein 2011: 60-63, 84］。

ヨーロッパの修道会の一つであるイエズス会は、チキタニア地方の先住民の改宗を託された。しかし、当地は様々な言語を使用する様々な民族が散らばって居住しており、布教は困難を極めた。そこで、布教の効率化を図るため、それらの民族を集住化させて一元的にチキトと名付け、布教を行なった。チキトという民族名からは、のちにチキタノという民族名、チキタニアという地方名が派生していった［Martínez 2018］。集住化政策によって建設された全て

の布教区は、コンセプシオン市、サン・イグナシオ市、サンタ・アナ村、サン・ミゲル市、サン・ラファエル市など、今日のチキタニア地方においても存続している。それらの街にある聖堂のいくつかは、一九九〇年、南米の他の旧布教区の街とは異なり、今日に至るまで聖堂が保存されているという歴史的価値により、ユネスコの世界文化遺産に認定された。

集住化政策に加え、イエズス会は言語政策も実施した。集住化された民族はそれぞれ独自の言語を使用していたため、布教の効率化を目的に、当地で最も話者数の多かった言語を先の民族名と同じくチキト語と命名し、公用語として整備したのである［Tomichá Charupá 2002］。このチキト語はその後、民族名と同様その呼称が変遷し、チキタノ語と称されるようになっていった。これが、今日のチキタニア地方と先住民チキタノ、そしてその使用言語チキタノ語（ベシロ語）が成立した歴史的経緯である。二〇一二年の国勢調査によると、現在のチキタノの人口はおよそ八万七〇〇〇人であり、国内の先住民集団の中で三番目に多い。使用言語はスペイン語に加え、ベシロ語（チキタノ語）である。

さて、このように植民地時代のイエズス会によって整備された言語の呼称には、いくつかヴァリエーションがある。その一つに、今日憲法や法律において公式に言及されている呼称で、本書で使用しているベシロがある。言語政策や学校教育といった政治的・制度的な文脈や話題について話される際、ベシロがよく言語名として用いられる。他方、地域や世代あるいはそれ以外の文脈によっては、民族名と同じチキタノ語あるいは「方言（dialecto）」と呼ばれることが多い。ベシロはもともと、チキタニア地方の中でも、チキタノの政治運動や言語復興運動を牽引してきた、サン・アントニオ・デ・ロメリーオ市（以下、サン・アントニオ市）を中心とする地域（以下、ロメリーオ地域）の話者が主に用いている変種であり、その由来は「正しい」「まっすぐ」を意味する同語の形容詞である［Parapaino Castro 2008］。加えて、その表記法はロメリーオ地域の変種を基準として作成され、改訂されてきたものであるが［Falkinger

地図1　本書に登場するチキタニア地方の町

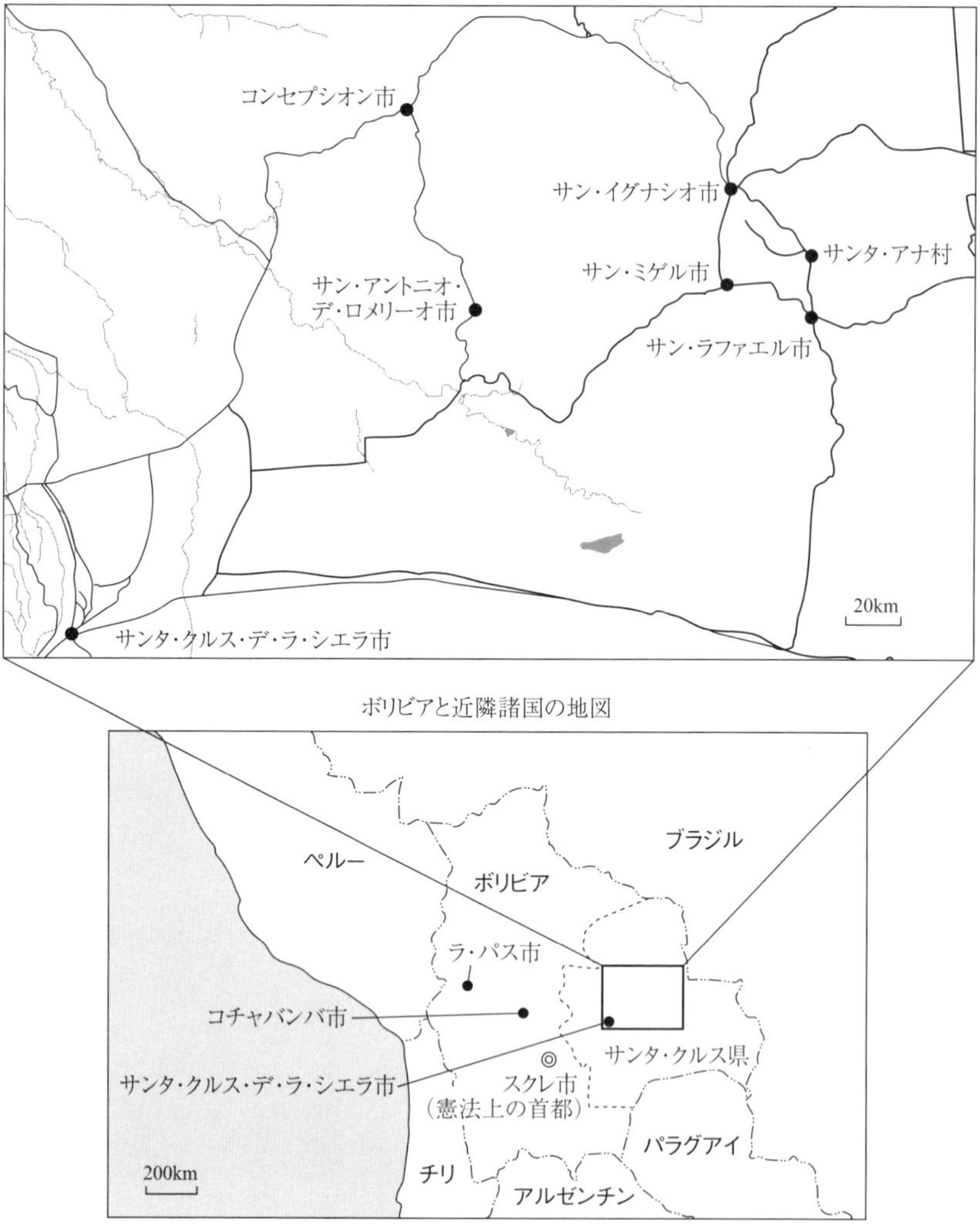

2012］、現行の言語政策で、公式のものとして使用されている。

以上の事情から、ロメリーオ地域変種を使用しないサン・イグナシオ市の話者からは、ロメリーオ地域変種を「正しい言語」として定め、言語政策を通して拡大しようとする姿勢に対する批判が噴出すると同時に、チキタノ語という慣習的な呼称への再評価も生じてきた［Nakano 2016］。本書では、このような事情を汲み、以下の記述において、サン・イグナシオ市の文脈では慣習的な呼称であるチキタノ語、ロメリーオ地域変種が使用され、また普及しているコンセプシオン市とロメリーオ地域の文脈、あるいは国家の実施する先住民言語教育の文脈ではベシロ語、更に両者を含む文脈の場合は（　）を用いて併記する、という方法をとる。

ここでベシロ語（チキタノ語）はどのような言語なのかを簡単に説明しておきたい[2]。この言語は、多くのブラジル先住民言語などと共に、「マクロ・ジェ」と呼ばれる語族（系統を同じくすると考えられる言語のグループ）を構成する［Fabre 2005］。文法的な特徴としてはまず、排他的一人称複数（聞き手を含まない「私たち」：アシソム axɨsomɨ）と包含的一人称複数（聞き手を含む「私たち」：アショニュ axoñɨ）の区別が挙げられる。そしてもう一つ特徴的なのは、男性発話（例えば、男性が発話する場合の「お元気ですか?」：チャモシャウメ Chamuxaume）と女性発話（例えば、女性が発話する場合の「お元気ですか?」：シャウメ Xaume）の区別があることである。特にこの二つ目の特徴である男女の発話の違いは、当地でその言語的特徴が説明される際によく言及されるものである。

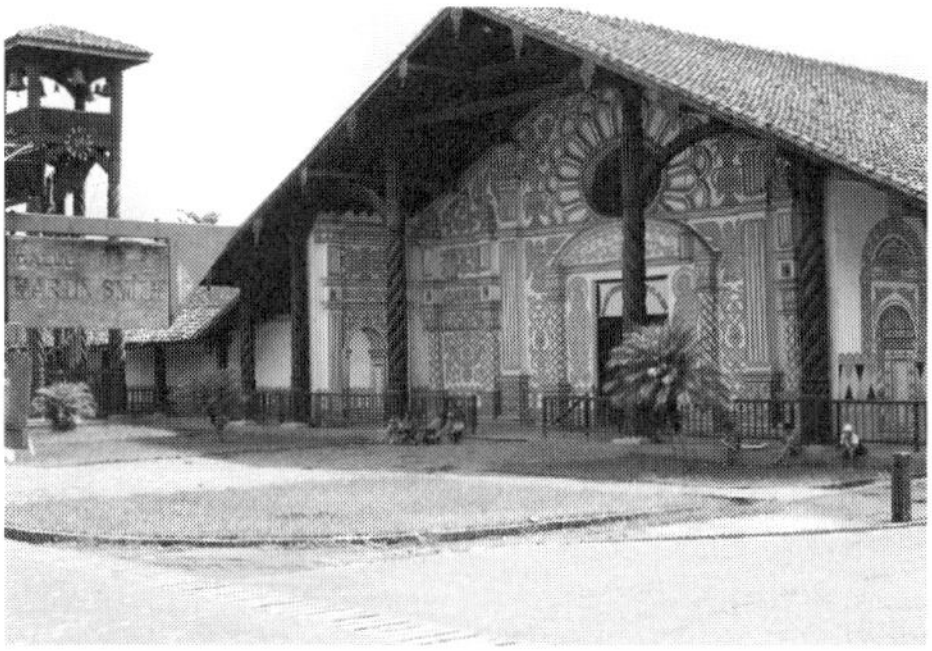

図3　コンセプシオン市の大聖堂（筆者撮影）。

2　本書の舞台とロメリーオ地域について

筆者が調査のために滞在したのは、ロメリーオ地域変種（ベシロ語）とは異な

図4　ロメリーオ地域への道と若かりし頃のルベン（本人より提供）。

る地域変種が使用され、ベシロ語拡大の動きを警戒する話者のいるサン・イグナシオ市と、逆にロメリーオ地域変種の話者が中心となり、ベシロ語拡大の動きを推進するコンセプシオン市である（図3）。両市とも、植民地時代にイエズス会が布教区として建設した町である。サン・イグナシオ市の人口は約五万人、コンセプシオン市の人口は約一万八〇〇〇人であり、それぞれの全人口のうち、サン・イグナシオ市には約三万三〇〇〇人、コンセプシオン市には約一万二〇〇〇人のチキタノが居住する（INE 2012）。しかし、最も使用頻度の高い第一言語別の話者人口となると、サン・イグナシオ市とコンセプシオン市のスペイン語話者人口がそれぞれ全人口の七割以上なのに対して、ベシロ語（チキタノ語）話者は両市とも三〇〇〇人程度と非常に少ない。また、第一言語別の話者人口のうち、最もベシロ語の話者数が多い世代は、サン・イグナシオ市においては七〇から七七歳の世代で三七人、コンセプシオン市においては六〇から六五歳の世代が四二人である。つまり両市では、チキタノの人口比に対して、その使用言語とされるベシロ語話者の人口数が極端に少なく、また話者の世代自体も高齢化している。

これらの町と比べ、チキタニア地方でも特にベシロ語話者人口が多いのは、コンセプシオン市の南部に位置するロメリーオ地域である（図4）。たとえば、同地域の行政の中心であるサン・アントニオ市の人口約六五〇〇人のうち、約七割がスペイン語を第一言語として使用しているのに対して、ベシロ語を第一言語として使用しているのは約一二〇〇人であり、世代別の話者人口では三五から三九歳の世代が一〇九人と最も多い。人口比で見ると、確かにスペイン語の優勢は明らかであるが、先に見たサン・イグナシオ市やコンセプシオン市に比べると、全人口に占めるベシロ語話者の割合はずっと大きく、話者人口自体も両市ほど高齢化していない。

また、サン・アントニオ市の民族構成も、先の二つの町と異なる点がある。それは、全人口約六五〇〇人のうちチキタノが約三二〇〇人といちばん大きな割合を占めることに加え、モンコッシュ（別名モンコカ：モンコッシュの複数形）という民族が約二八〇〇人とそれに匹敵する割合を占めているという点である。このモンコッシュという民族名は、イエズス会が植民地時代に集住化したと史料に記されている「ボオコカ」という民族名との関連が歴史学によって指摘されているだけでなく［Martínez 2018］、今日のロメリーオ地域出身のベシロ語話者の自称する民族名でもある。また、ロメリーオ地域は、その形成の過程が先のサン・イグナシオ市やコンセプシオン市とは異なり、イエズス会が一八世紀後半にスペイン本国からの命により追放されて以降、各地ではびこった大土地所有者などからの搾取や隷属化から逃げてきたチキタノが徐々に建設してきた地域、いわば避難地として知られている［Lacroix 2004］。このモンコッシュという民族名と避難地として形成されてきた地域の歴史は、ロメリーオ地域出身者に独特の歴史認識に基づいた帰属意識を与えている。ロメリーオ地域は、コンセプシオン市にて働く、ベシロ語教育の中心的役割を担う活動家や教師を多く輩出している地域でもある。本書に登場するベシロ語教師ルベンもロメリーオ地域出身で、コンセプシオン市の学校でベシロ語教師として働いていた。

3　チキタニア地方の政治情勢

さて、ここでチキタニア地方の昨今の政治情勢についても簡単に触れておきたい。チキタニア地方、特にコンセプシオン市では、市政をめぐって激しい攻防がなされてきた。コンセプシオン市では、一九九〇年代、主に大土地所有者をはじめとする地元出身の有力者が、当時の国政にも関与していた複数の政党から代表を選出させ、市政を牛耳っていた［Lacroix 2006; Weber 2010］。しかし、これらの政党は国政においては、一九五二年以降に確立された国家主導型の開発を脱するため、行政の地方分権化に加え、先住民の村落共同体や都市の住民組織に法人格を与える大衆参加法を通じて、住民主導型の開発や政治参加を促す改革を進めていた〔舟木　二〇〇九〕。結果として、これらの政治改革はコンセプシオン市の政治情勢にも変化を促し、チキタノの運動の組織化や市政への直接的な参加を可能とした。

このような一九九〇年代の動きは、二〇〇〇年代の主に高地で生じた新自由主義のほころび（水道事業の民営化による水道料金の高騰や、低料金での天然ガスの国外輸出計画）に対する民衆の反発を契機に国政の舞台に躍り出た、反新自由主義と先住民の権利向上を訴える政党「社会主義運動（ＭＡＳ）」の活動とも結びつき、拡大していった。コンセプシオン市のチキタノは、ＭＡＳから候補を擁立し、二〇〇五年にはついにチキタノの市長を実現した。

しかし、二〇一九年現在の市政は、ＭＡＳに対抗してサンタ・クルス県の自治権を掲げ、富裕層や保守派を中心に支持を得ている政党「社会民主運動（ＭＤＳ）」が、ＭＡＳを支持するチキタノから反発を受けながらも、市政を運営している。このような国政と市政でねじれた政治状況は、高地民（コジャ colla）のＭＡＳと低地民（カンバ camba）のＭＤＳ、という対比をもって当地では説明される〔Weber 2010; Cf. Gustafson 2006〕。

さて、本書に登場するルベンは、コンセプシオン市に先立ち、ボリビアの歴史において初のチキタノ出身の市長（ロメリーオ地域の中心都市であるサン・アントニオ市長）となった人物である。しかし、のち筆者が知り合った時点では保守派のＭＤＳを支持し、この政党が運営しているコンセプシオン市役所での職と、先述した学校教師の職を兼務していた。そして、現政権の政策を批判する際には、この「高地民＝ＭＡＳ」と「低地民＝ＭＤＳ」という対比構造が常に念頭にあった。

4　チキタニア地方におけるベシロ語教育

チキタニア地方におけるベシロ語教育の位置付けについても、ここで述べておきたい。チキタノの歴史については第二節で述べるので、ここでは、現在のベシロ語政策に直近で関係のある出来事だけを取り上げる。ベシロ語の話者数という点でまず言及すべき直近の出来事は、スペイン語教育を含めた、一九五二年以降の国民統合のための国の教育改革である。この改革とその後の学校教育におけるチキタノのスペイン語化は、ベシロ語の話者数が減少していく重要なきっかけとなった。しかし、一九八〇年代からはチキタノの先住民運動が活発化し、二〇〇六年からは国内初の先住民出身のエボ・モラレスが大統領に就任して以降、ベシロ語も含め、国内の先住民言語政策の法的基盤が整えられていくことになった。

現在の学校教育においてベシロ語は、日本の小学校に相当する初等教育における「言語とコミュニケーション」という教科の一部として教えられている。授業で使用される言語は、生徒自身がスペイン語を第一言語とするケースが大半なため、主にスペイン語である。内容は、ベシロ語に翻訳された歌や簡単な挨拶に限定され、日常会話を習得するには至らないケースが大半である。しかし、地域の人々はベシロ語で歌が歌えることなど、ベシロ語を用いて何かができる、あるいはベシロ語を学んでいること自体を評価しているようである。また、学校教育とは別に、一般労働者や公共サービスに従事する公務員など、大人を対象としたベシロ語コースもある。このコースは、国の管轄下にあり、ベシロ語政策を管理・運営するチキタノ言語文化研究所が担当している。授業で使用される言語は学校の授業と同様、受講生の多くがスペイン語を第一言語とする話者が大半のため、スペイン語である。このコースは法的には受講が義務となっている。しかし、受講しない事実上のペナルティーで筆者が確認できたのは、受講証明書を提出する期限を守らなければ受講料が上がる、という程度のものであった［中野　二〇一七a］。

5　ベシロ語教師ルベンについて

本書の主人公、ベシロ語教師ルベンの経歴についても、ここで簡単に紹介したい。ルベン・スアレス・チョレはロメリーオ地域の村に生まれた。ベシロ語を第一言語、スペイン語を学校教育で第二言語として学んだのち、高地のラ・パス市にて兵役を終え、同じく高地のコチャバンバ市の大学に進み、哲学や人文学を学びつつ、聖職者の道を目指した。その後、帰郷して地元のロメリーオ地域で先住民運動のリーダーとなり、同地域のサン・アントニオ市長選に立候補してボリビア初の先住民出身の市長となった。チキタニア地方で一九八〇年代以降に盛んとなった先住民運動の歴史に関する論文にも、実名が載っているほど、チキタノの政治史で重要な人物である［Lacroix 2004］。サン・アントニオ市長を引退した後、彼はコンセプシオン市に居を移し、市の「観光・文化会館」の館長を務めた。その後退任し、筆者と出会った当時は、市内の私立学校の校長とベシロ語教師、そして市役所の環境部責任者を兼任していた(3)。

次節では、ベシロ語教育をはじめ、先住民言語や学校教育がボリビアの歴史においてどのように位置付けられてきたのか、その変遷を探っていく。

二　ボリビア国家の形成と変容——先住民と言語の位置付けをめぐって

1　ボリビアにおける国家・先住民・教育

ボリビアにおける先住民言語教育の流れを概観するとき、国家と先住民の歴史に着目することは重要である。ボリビアでは、国家の創成期である一九世紀初頭から今日まで、先住民を国の制度にどのように位置付けるかが、言語的問題とも関連づけられながら、常に議論されてきた。ここでは、植民地時代から国家創成期を経て一九五〇年代までの国家、先住民、そして学校教育に関する歴史を概観したうえで、一九五〇年代から現在までの国家による一連の教育改革の概要を、その都度持ち上がってきた言語的問題との関連から述べていく。このような作業を通して、ボリビアという国家が先住民をどのように位置付けようとしてきたのか、その変遷を描いていく。

植民地時代、先住民はスペイン王室に統治されていたものの、先住民共同体は租税の基盤として温存され、共有地や互助労働組織といった地域固有の社会文化制度が黙認されていた。また、一六世紀末から一八世紀初頭にかけて、スペイン王室は、共同体の首長を名義人として先住民にも土地とその証書を与えていた。このように、植民地時代のスペイン王室と先住民の統治関係は、一方向的なものというよりも、互酬的・相互依存的なものであり、この関係はボリビア共和国が独立して以降も維持された［Platt 2016］。

一八二五年にスペイン領植民地からボリビアが国家として独立していく過程では、スペイン王室に代わり、植民地時代に力をつけてきた現地生まれのスペイン人であるクリオーリョが主導権を握り、支配を継続した。法的な市民権はスペイン語の識字能力と土地所有権を有するクリオーリョの男性に限定され、貧困層や識字能力をもたない女性や先住民は除外されていた［Gustafson 2009: 40-41］。加えて、国民意識の形成に寄与したのは、スペイン語の行政文書や新聞であり、その点でも国民意識を育む機会に恵まれたのは、主にスペイン語の識字能力を有するクリオーリョであった［Unzueta 2000］。とはいえ、先住民は鉱山資源を得るための労働力として、初期の国家の運営にはいまだ必要不可欠な存在でもあった。

しかし、一九世紀後半になると、鉱物輸出を中心とする経済発展を契機に、近代国家への道が模索されるようになり、国庫歳入に占める先住民の租税の割合の急落もあいまって、先住民の地位は低下していった。近代化を目指す政府は、封建社会の象徴と見える先住民共同体やその共有地の解体と、近代的所有観念に基づく個人の土地所有権の徹底を目指し、「共同体解体法（Ley de Exvinculación）」を一八七四年に発令した。共有地に基づく先住民共同体の存在そのものを否定するこの土地改革は、大土地所有者による土地の収奪を法的に可能にするものであり、また先住民を近代的な司法制度の管理下に置くものでもあった［吉江 二〇〇三］。

このような国家の動きに対し、先住民は様々な形で抵抗を行なった。先住民サラテ・ウィルカは、ボリビア政治の中心地をスクレ市にすえるか、ラ・パス市にすえるかという議論から生じた政党同士の内乱に参加したものの、支持する政党が先住民を利用する対象としか考えていないことに気付くと、大規模な反乱を起こした。しかし、反乱は失敗に終わり、以降は植民地時代に王室から与えられていた土地証書をもとに、先住民の共有地の防衛を目指す動きが中心となった。二〇世紀初頭の先住民の首長による土地回復運動や［THOA 1988］、スペイン語の読み書きを教えることで、共同体の土地の回復と防衛を目指す先住民教師の活動などがそれである［Choque Canqui y Quisbert Quispe 2006］。

こうした動きと並行して、一九〇五年には、国の近代化と経済発展を目指す自由党政権下で、先住民に対する教育の整備も始まった。この教育改革は先住民固有の言語や文化を障害物と見なし、先住民のスペイン語化の必要性を主張するものであった［Taylor 2004: 5］。

スペイン語文書やスペイン語識字教育を通して政治的な力を得ようとする先住民の動きと、学校教育を通したスペイン語化によって先住民を「国民」として国家に同化・統合しようとする動きは並行していた。そして、後者の動きはその後、一九五二年に始まる「国民革命（Revolución Nacional）」という一連の政治改革にも強く現れる［Luykx 1999］。

一九五二年に始まる「国民革命」では、農地改革や鉱山の国有化、スペイン語教育による統一的な「国民」の実現など、国家主導型の開発体制が確立された。先住民は「農民」として再定義され、国内の文化的・言語的多様性は階級の問題に還元された。この新たな方針に従って、より効率的な先住民のスペイン語化を目的に、学校教育における先住民言語の使用も、はじめて公式に認められた〔Taylor 2004; López Hurtado 2005〕。この時期以降、高地の先住民は教師として多くの村落の学校に勤務するようになった。このような教育制度は、教員組合をはじめとする労働組合、あるいは農民組合といった様々なセクターと国家が交渉を行ないながら職や資金が配分される、コーポラティズム的な政治体制とともに確立された。

国家主導型の開発体制は、その後の軍事政権以降も続いたが、経済破綻と労組の要求の板挟みとなって民政移管となり、一九八五年には経済の自由化や緊縮財政など市場主導の開発体制への転換が決定された〔Klein 2011: 275〕。その新自由主義政策に初期から深く関わり、一九九三年に大統領に就任したゴンサロ・サンチェス・デ・ロサダは、改革の成果を先住民や農民、貧困層などあらゆる人々に還元すべきとして、地方分権化、大衆参加法、先住民に配慮した多文化主義的な教育改革など一連の政策を実施した〔Klein 2011: 275; Gustafson 2009: 171-172〕。この流れの中で、ユニセフの支援によって既に民政移管後にはじめられていた「異文化間二言語教育（Educación Intercultural Bilingüe）」という先住民言語教育プロジェクトは、一九九四年の多文化主義的な教育改革を契機に正式に学校教育に導入されることになる。

しかし、先住民言語教育を実施する現場では、グローバルな市場経済においても通用する知識や開発モデルと、先住民の文化や言語の多様性の尊重との矛盾が問題化していった。教育内容に関しては、ジェンダーの平等や環境保全といったグローバルに流通するテーマが導入される一方、各先住民の文化や言語の多様性は、一元的な学習モデルや知識に還元されていった。同様に、教師が生徒に一方的に知識を伝達するのではなく、生徒の自主性や創造性を重んじる教材の作成や授業形式が採用されたが、それも先住民の個別の文脈に沿った知識の学習モデルのあり方というよりは、グローバルな開発・学習モデルに基づく授業スタイルの確立を目指すものであった。これらの例はまさに、多様な「枝」に過ぎない先住民の言語的・文化的な多様性と、揺らぐことのない一本の「幹」としての国家（そしてグローバルな市場経済や開発・学習の言説）という上下の関係であり、多様性を一元化していく管理主義的な多文化・多言語政策の側面が色濃く現れていた[4]。

さて、現在は、エボ・モラレスが、ボリビア史上初の先住民出身大統領として当選して以降、新自由主義政策を批判する立場をとっているが、先住民言語教育に関しては、基本的な部分は踏襲しながら、同時に改革も行なってきた。例えば、脱植民地化を掲げ、国内の文化的・言語的な多様性を前面に押し出した二〇〇九年の新憲法の制定や、それに伴う国名の変更、その後の二〇一〇年の新教育法や二〇一二年の言語権・言語政策法などである［中野二〇一七b］。これらの改革によって、国内の各先住民の言語とアイデンティティは「文化内の結束」すなわち各先住民言語の標準変種の選択と書記法の整備を通して強化される一方、各先住民言語内の地域変種の多様性は口語レベルで主に認められることとなった。そして、このような各先住民の「文化内の結束」は、多言語主義や異なる文化間の相互理解といった目的を国全体で果たすための基盤として追求されることになった。

このように、ボリビアという国家では、その創成期から、言語やその識字能力が国民意識の形成に重要なものと位置付けられてきた。その言語は主にスペイン語であり、現在もまた話者数という点において圧倒的に優勢であるが、先住民言語の使用や学習の重要性も、国民の統合や発展、あるいは国際社会との関係において徐々に認められ、一九九〇年代以降の国家による多言語・多文化主義政策へとつながっていった。そして、その一元的・管理主義的な側面の問題点が指摘されつつも、「文化」「言語」と括られるものの標準化・統一化が一層進められるようになり、その多文化・多言語主義政策の路線は今日まで続いている。

2　ボリビア東部低地におけるチキタノの歴史・言語・教育

本項では、舞台を辺境地帯であるボリビア東部低地に移し、前項で述べた国家の歴史と関連付けつつ、主に言語政策と学校教育の歴史に焦点を当てながらチキタノの歴史を概観していく。

植民地時代、現在のチキタニアにあたる地域には、様々な言語を話す諸民族が分散して居住していた。しかし、一七世紀後半になると、スペイン人やポルトガル人奴隷商人の襲撃に苦しんでいた先住民の陳情をきっかけとして、イエズス会がこれらの諸集団の保護とそのキリスト教化を担うことになった。この背景には、植民地行政の中心から遠く離れた東部低地の国境警備に、先住民を動員したいスペイン本国の思惑もあった［Tomichá Charupá 2002］。イエズス会による集住化政策と言語政策により、多様な言語・民族に対して一元的に名付けられたチキト、チキト語が、後のチキタノという民族の呼称や、チキタノ語（ベシロ語）といった言語名となっていったことは前節で述べた通りである。このような歴史は今日のチキタニア地方の住民に広く知られている。

しかし、南米のスペイン植民地で力を持ちすぎたと危惧を抱かれたイエズス会が、一七六七年にスペイン王国の命により追放されると、行政の中心であったサンタ・クルス市から多数の聖職者や役人が到来し、チキタノに対する搾取や腐敗がはびこるようになった。一八五〇年以降になると、先住民の共有地として運営されていた土地や家畜がサンタ・クルス市の住人に貸しつけられるようになり、これらの都市出身の牧場主によって先住民の搾取はよりひどいものとなった。その後も、第一次ゴムブーム（一八八四〜一九二〇年）、一九三〇年代の隣国パラグアイとのチャコ戦争、第二次ゴムブームと鉄道建設（一九三九〜五五年）、そして一九五二年の国民革命まで、大農園主や牧場経営主といった都市出身の支配層による隷属化から逃れるため、チキタノは逃避や新たな共同体の設立を繰り返していった［Arrien et al. 2006: 54-63］。次節で扱うベシロ語教師ルベンの祖父母は、この激動の時代を生き抜いた。

大農園主らによる搾取とそれからの逃避を繰り返していたチキタノの動きは、一八九九年の先住民サラテ・ウィルカによる反乱や、先住民のための学校の設立、あるいはスペイン語の識字教育を通した共有地の防衛など、前項で述べたような、国家への働きかけが見られた高地先住民とは異なる展開を見せた。高地で先住民サラテ・ウィルカが大反乱を起こした頃、チキタノは搾取のひどくなった旧布教区の町から逃亡し、新たな町を建設していったのである。このチキタノの「避難地」としてしばしば例に挙げられるのが、すでに触れたロメリーオと呼ばれる地域である。ロメリーオ地域は二〇世紀後半から、ベシロ語復興運動も含め、チキタノの政治運動の拠点となっていった［Lacroix 2004; Riester 1986: 31-32］。

また、先住民のための学校の設立やスペイン語の識字教育が共有地防衛の手法として模索されていた高地とは異なり、低地のチキタノは主に広大な土地を所有する大農園主の妻などから教育を受け、スペイン語を学んでいった。そして、その後、一九五二年の国民革命とその後の教育改革を契機として、チキタノのスペイン語化はさらに進んでいくことになる。一九六〇年代の終わり頃からチキタノ語の知識を一切持たないサンタ・クルス市出身の教師たちが、その都度通うかたちで、チキタノの子供たちにスペイン語教育が実施された。一九七〇年代には教師と校長が常駐するようになり、ときに暴力を伴うほどの強制力を伴ったスペイン語教育が実施されることになった。このようなスペイン語教育は、チキタノのその後のスペイン語化とチキタノ語話者の減少という結果を招くことになった［Arrien et al. 2006: 15-19］。

しかし、このようなスペイン語化の動きと同時に、チキタノには夏期言語研究所によってのちのベシロ語政策の基盤が成立していくような動きも生じた。夏期言語研究所は、アメリカ合衆国のプロテスタント系の宣教機関である。その活動の特徴は、世界各国の農村や地方において、聖書の現地語翻訳やそのための言語学的研究を行いながら、キリスト教を現地の住民に布教するというものである。夏期言語研究所は、一九五〇年代に政府から教育の権限を与えられ［López Hurtado 2005: 88-91］、東部低地に居住するチキタノに対して、ロメリーオ地域を中心に、福音伝道を核とした言語教育を展開した。夏期言語研究所はあくまでも新約聖書の現地語翻訳を中心とする福音伝道が主な目的であったが、チキタノ語（ベシロ語）の言語学的な記述や教材作成、アルファベットを用いた識字教育、二言語教師の育成を通して、のちの二言語教育の基礎を作り上げた。この夏期言語研究所の活動には、一九七一年からボリビアからの撤退の一九八〇年まで、多くのチキタノが参加し、チキタノ語（ベシロ語）の識字能力や教育法を身につけ、現在の言語政策や学校教育に関わっている［Zavala y Equipo de Investigación 2007: 44, 88-91］。

夏期言語研究所が撤退したのちの一九八〇年代には、大土地所有者との闘争のため、チキタノは政治的な組織化を開始した。チキタニア地方においても、そのような流れのもと、ロメリーオ地域出身のチキタノがその中心的な役割を担いつつ、八〇年代末には「先住民本部（centrales）」や「チキタノ先住民組織（ＯＩＣＨ）」などの運動組織が設立された。運動が展開するにつれ、その要求内容は土地（所有権）だけでなく、保健衛生、教育、生産、インフラといった他の要求を含むものに拡大していった。

二〇〇四年の「チキタノ教育審議会」の設立や、教師を養成する高等教育機関であるコンセプシオン多民族学校教育拠点の設立、そしてその後のコンセプシオン多民族教師養成高等学校の設立も実現した。これらの動きは、前項で述べた新自由主義政権の政策を背景として展開したものでもある。次節で登場するベシロ語教師ルベンはこの時期、当時の政権による地方分権化を目指す政策のもと、まずロメリーオ地域先住民センターのリーダーとして活躍した後、同地域で市長選に立候補し、ボリビア史上初の先住民出身市長となった。

現在では、前節第五項で見たように、モラレス政権による政策のもと、ベシロ語は、チキタニア地方において、初等・中等教育を行う学校や教師を養成する師範学校で教えられるだけでなく、一般労働者や公共サービスに従事する公務員など、大人を対象とした語学コースでも教えられている。

このように、イエズス会の追放後、チキタノは搾取と逃避の間で揺れ動きつつ、また国の政策により導入された学校教育や夏期言語研究所といった外部の機関と関わり合いを持ちながら、スペイン語やチキタノ語（ベシロ語）の読み書きを学び、徐々に言語復興運動を含む政治活動を展開してきた。その中心的役割を担ってきたのは、避難地として形成されてきたロメリーオ地域の言語変種（ベシロ語）を使用する同地域出身の話者である。しかし、各先住民言語・文化の結束を強化しようとする現政権の方針のもと、自らの地域変種（ベシロ語）を標準変種として選択し、拡大・普及しようとする同地域出身の話者に対しては、他地域の変種を使用する話者から、そのロメリーオ地域変種中心主義、言語純粋主義に対して批判も出てきている。では、ベシロ語教師は実際にどのような言語教育観を持っているのだろうか。次節では、筆者が出会ったベシロ語教師ルベンの教育観と授業実践から、それをうかがっていく。

三　ベシロ語教師ルベンとの出会い

本節では、ロメリーオ地域出身のベシロ語教師ルベンが、どのような生い立ちをもち、どのようなベシロ語教育観をもっているのかを紹介していく。本節の目的は、前節までの国家やチキタニアの歴史的文脈を踏まえつつも、現政権が目指す多文化・多言語国家において重要な役割を果たす教育の実践者、ベシロ語教師について、ルベンという個人の文脈を通し考えていくことにある。まずは、ルベンと調査者である筆者自身との出会いから述べていこう。

1　ルベンとその家族との出会い

本項では、筆者とベシロ語教師ルベンそして彼の家族との出会いを描いていくが、その前に、筆者がサン・イグナシオ市に滞在していたときの経験を述べたい。何故ならば、その経験は、その後の筆者のルベンとその家族との出会いの経緯と密接に関わっているからである。

筆者が博士論文執筆に向けた調査を行うため、最初に滞在したのは、特にベシロ語（チキタノ語）話者が多いわけでもなく、またベシロ語政策を担う機関が集中しているコンセプシオン市でもない、サン・イグナシオ市であった。

これは、のちにコンセプシオン市で調査を行うにあたり、比較の視点をもつためであった。サン・イグナシオ市でも、チキタノ語は教えられていたが［Aguilera Bautista 2014］、それは市周辺で使用される地域変種であった。筆者はすでにロメリーオ地域変種で書かれた文法書を入手しており［Galeote 1993］、たとえばサン・イグナシオ地域変種では「オシニャ（Oxiña）」（よきこと）が、ロメリーオ地域変種では「ウシア（Uxia）」と発音されるなど、その二つが語彙や音声で、微妙に異なることに気づいていた。筆者が知り合ったサン・イグナシオ市の地元教師は、そのような違いがあるにもかかわらず、流通しているあらゆるチキタノ語に関する本が、ロメリーオ地域変種で書かれていることに辟易していると筆者に語った。この経験は、二年目以降、筆者が調査の舞台をコンセプシオン市に移してから、ことあるごとに思い出されることになった。既に触れたように、ベシロには言語の呼称の他に、「正しい」という意味がある。このことから、サン・イグナシオ市のチキタノ語教師には、ベシロを言語の呼称として用いることに懐疑的な者もおり、筆者も同感だった。とはいえ、コンセプシオン市で、住み込みができる話者の家庭を探す必要に迫られた筆者は、このような政治的なニュアンスの語彙を、あえて積極的に用いることにした。そうすることで、筆者のベシロ語への親しみを示し、より協力を得やすくすると同時に、どのような人物と出会うことができるのかを知りたかったからである。

このような打算をもちながら、市内のチキタノ諸機関を訪ね歩いた。ルベンの名前が出たのは、ちょうどチキタノ言語文化研究所を訪ねたときである。彼が住んでいる地区は、コンセプシオン市の中でも郊外にあり、チキタノが多く居住する「チキタノ地区」と呼ばれる場所であった［Weber 2010］。筆者はついに話者を探し当てることができたことに嬉々として、簡単な地図を研究所の担当者に書いてもらい、早速彼の家を訪ねた。あいにく彼は不在で、妻のアスンタが小学生くらいの娘と一緒に玄関で対応してくれた。外国人が住み込むということに不安を覚えたように見えたが、筆者がベシロ語を学びたくて、ベシロ語を話す家庭に住み込みたいこと、にもかかわらず空き部屋のあるそのような家庭がなかなか見つからないことを説明すると、嬉しそうに「私たちはベシロ語を話すのよ」と答え、会話の雰囲気が変わったのを覚えている。

ルベンの妻アスンタとの出会いののち、いよいよルベン本人と対面することになった。体格のいい、頑強そうな人物というのが最初の印象であった。早速、彼の家の軒下に椅子を並べてもらい、二人で座った。そこでまず、先住民言語教育について、制度的な問題に限らず、社会的・文化的文脈も含めて調査したい、という自身の調査内容について説明した。

お互いの自己紹介のあと、部屋を見せてもらうことになった。ボリビアで間借りする際には、家具も何もない空き部屋の状態が多い。今回も、ガスボンベや簡易キッチン、食器など、最低限必要なものは市場などで揃えることになりそうだった。とはいえ、さしあたりベッドなどは必要なので、相談するとルベンが貸してくれるという。このようにして、住み込むことが決まったのだった。

2　ルベンの語り

以下、本項では、ベシロ語教師であるルベンが、どのような生い立ちや背景をもってベシロ語教育に携わっているのかを、彼の語りから読み解いていく。

以下では、ルベンの語りに、筆者の説明を挿入しながら、読み解いていく。（　）内は筆者の注釈、[…]は省略した部分である。また、録音はスペイン語で行われた。

【両親の話、夏期言語研究所とチキタノ教師の育成の関係、言語を学ぶということについて】

ルベンの両親は、共にベシロ語の話者で、ロメリーオ地域の村落に一九三〇年代頃に生まれ、現在も同地域に居住している。ルベンの父方の祖父母、そしてルベン自身もロメリーオ地域に生まれ育ったベシロ語話者である。しかし、ルベンの父は、常にロメリーオ地域に居住していた訳ではなく、仕事を求めて別の場所に移住していた時期もある。

母方の祖父母の生まれは、サン・イグナシオ市で、後にコンセプシオン市に移住し、ロメリーオ地域に移住した。ルベンによると、これはコンセプシオン市における搾取が深刻だったためである。彼の母方の祖父母はロメリーオ地域に移住後、ルベンの母を産み育て、現在も同地に居住している。

このように、ロメリーオ地域に生まれ育ったのは、彼と彼の父方の祖父母、そして彼の母親であり、現在はコンセプシオン市に居住しているルベンも含め、彼の家族の歴史は移住の歴史でもある。

ルベンの父は、ロメリーオ地域の農民組織の活動に参加した。その活動に伴う訓練や研修の過程でスペイン語の読み書きを学び、ロメリーオ地域に帰郷してのち学校を建設し、一九六〇年代から七〇年代頃にかけて、初等教育第五学年（日本でいう小学校五年生に相当）までの教育を担った。これは公式の学校ではなく、彼個人が独自に行ったものであった。

それでは、このような自身の家族の歴史について、ルベンがどのように語っているか、見てみよう。

中野：それではルベンさん、少しあなたの歴史について語っていただけますか？

ルベン：よいでしょう。では、まず私がどのようにここコンセプシオン市にたどりついたか、お話しましょう。私の家族は、ロメリーオ地域出身です。そこで私の両親は現在も暮らしています。私の母も父も。もう年をとりましたが、ベシロ語をとても上手に話します。私の母の家族は、サン・イグナシオ市出身です。そして［…］

彼ら（ルベンの両親）は出会い、ロメリーオ地域で世帯をもったのです。
私の父は、ロメリーオ地域でチキタノたちを教えた最初の教師でした。父は個人として授業を行い、保護者は彼にお金を支払っていたのです。そして、まさにそこで最初の教師たち、いわば専門的な職業集団が生まれたのです。今ではその教師たちは退職してますが、彼らとともに私たちはベシロ語を書くことや、あらゆることを学びました。その教師たちは［…］訓練を受けたのですが、それは福音伝道使節団の夏期言語研究所によるものでした。夏期言語研究所がその教師たちを［…］連れて行き、教師たちは自身の訓練をしたのです。［…］今では師範学校まであり、全く別の種類の専門的な職業としての教師が存在しますよね。しかし、私の父はそのような集団をまず作ることに着手した人物だったのです。だから、私の父に訓練を受けた教師はたくさんいます。私の母の家族はほぼ全員、大多数が教師なのですが、訓練したのは私の父なのです。それが言ってみれば礎なのですね。

この語りを理解するためには、少し説明が必要だろう。まず、先に述べたように、彼の母方の両親の出身は、サン・イグナシオ市である。この語りにおいて、「ロメリーオ地域出身」である彼の家族とは、あくまでもロメリーオ地域に生まれ育った彼の両親を指す。

次に、ロメリーオ地域初の教師となったルベンの父による教育活動について補足したい。ルベンによると、当時のロメリーオ地域の大多数がベシロ語のみを話すという状況だったがゆえに、ルベンの父はベシロ語を用いて適宜説明や翻訳を加えながら、子供たちにスペイン語をはじめ、初等教育の科目を教授したという。彼の給料は、生徒の家族によって私的に払われたものであった。そして、彼の授業を受けた生徒は、夏期言語研究所に参加してベシロ語の読み書きを学び、夏期言語研究所が引き上げた後には、ベシロ語の復興運動や言語政策に従事していったのである。その中には、彼の母方の家族も含まれ、幼少期のルベンにスペイン語とベシロ語の読み書きを教えたという。

さて、両者ともロメリーオ地域に生まれ、ベシロ語を話すルベンの両親であるが、両者の家族の話し方は、微妙に異なるという。ルベンの語りによれば、その違いは両者の帰属する民族集団の違いに起因する。次の語りにおいて、ルベンは、植民地時代にイエズス会によって集住化させられた諸民族の中でも、モンコカとクシキアを、両親それぞれが帰属する民族としている。そして、自身を両者の「混ざり合い」の結果生まれた存在として位置付け、それらの民族的な違いを、現在のチキタニア地方における話し方の違いによって説明しようとしている。次の語りを見てみよう。

ルベン：それから、私の父はクシキア出身で、私の母はモンコカ出身なのです。だから、私の出自はモンコカとクシキアの「混ざり合い（mezcla）」なのですね。しかし、私たちは私の母そして父の言語を学んだのですよ。そして、それが私たちのいま話している言語なのです。たとえば、そうですね、サン・イグナシオ市はとても特別な話し方をしますし、サンタ・アナ村やサン・ラファエル市あるいはサン・ミゲル市はもっと歌うような話し方をします。歌うような話し方をね。他方で、私たちモンコカは、もっと、そんなに柔らかく発音するのではなく、もっと乾いた感じで発音するのです。私たちは /r/ や /i/ や /tj/ や /ʃ/ といった発音が優勢なのです。

この語りに出てくる地名はみな、植民地時代にイエズス会が諸民族を集住化して建設し、今日に到るまで多くのチキタノが居住している町である。ルベンは、彼の両親が帰属する民族の違いを、チキタニア地方に残る旧布教区の町で使用されるベシロ語の多様性をもって説明しようとしている。つまり、この語りの文脈では、今日のベシロ語の地域変種や言語的な多様性は、植民地時代に集住化させられた諸民族の多様性によってもたらされたものとルベンは解釈しているのである。

またここでは、「混ざり合い」の存在として自身をみなす最初の説明とは異なり、最終的には自身をモンコカとしている。そして、彼が語っているモンコカの言語の音声的特徴は、今日のロメリーオ地域変種の音声的特徴の説明と一致する。つまり、彼が第一言語として学んだロメリーオ地域変種の音声的特徴を、自身の民族とみなすモンコカの言語的特徴として述べているのである。

さて、ベシロ語の民族的・言語的・地域的な多様性について述べたのち、ルベンは筆者に向かって、このような多様性が存在するからこそ、言語を学ぶ際には、その言語を使用する社会集団自身の視点から、その言語を実際に生きなければならない、と述べる。そしてルベンによると、そのような形で言語を通して先住民の世界を体現したのが、ロメリーオ地域で初めてベシロ語を使用する教師となった彼の父親であった。次の語りを見てみよう。

ルベン：だから、私があなたに言いたいのは、もし私たちが共に仕事をしようとするなら、それ（ベシロ語）はとても簡単に理解できるでしょう。しかしあくまでもそれを話し、理解できる人と一緒ならば、という話ですがね。だから私はいつも言うのですよ。先住民の世界、あるいは別の社会集団を理解するには、それ（先住民の世界）を生きなければならないのです。ええ、それを生きなければならないのです。それを生きなければ、それを表面的に学ぶことしかできないのですよ、そうでしょう？　ですから、私たちが言うように、言語あるいはことばは生きているのですね。ゆえに他者を理解するためにはそれ（言語）を体現する必要があるのです。というのは、もしそれを理解せず、それをその社会集団自身の視点から見ることがなければ、それを理解することはないでしょう。その集団自身の視点から見なければなりませんし、彼ら自身が感じるものから感じなければならないのです。つまり、それを解釈することが出来る、ということですよ。そしてまさにそこで人はある言語の真の概念を理解することができるのです。そういうことですね。そして、神に感謝すべきことに、私の父にはそういった基盤をもつという幸運があったのですね。

この語りには、ルベンのベシロ語教育をはじめ、あらゆる言語を学ぶということがどのようなことであるか、彼の言語教育観ないし学習観が端的に現れている。言語あるいはことばは生きており、また生きられるべきものである。そうでなければ、その社会集団あるいは先住民の世界を理解することも、その言語の根幹を真に理解することもできない。このようなルベンの言語教育観は、単に言語学的な知識の伝達や習得をもって教育を成功とみなすのではなく、あくまでもその言語を使用する社会集団と共に、その言語を用いた実際のコミュニケーションの文脈で使用しながら学習し、その社会集団の世界を内側から理解することによって、成功とみなすものである。そして、先の語りで確認したように、そのような言語教育観は、ベシロ語がそうであるように、言語の民族的・歴史的・地域的なヴァリエーションが存在するからこそ、重要なのである。

【ロメリーオ地域について】

しかし、その言語を使用する社会集団と共に学ぶことが重要とはいっても、ベシロ語（チキタノ語）はその話者数が統計上約二四〇〇人とそもそも非常に少なく、スペイン語への交替も進んでいる現状がある。このような全体の傾向があることを承知しながら、彼の出身であるロメリーオ地域において何故話者が集中しているのか、と筆者が質問したところ、「決して服従させられることを好まなかったから」とルベンは答えた。すでに第一節でも触れたが、ロメリーオ地域は、イエズス会が一七六七年に追放されて以降、都市から流入してきた人々などによって激しい搾取にさらされ、集住区を逃亡したチキタノが徐々に町や村を建設してきた地域である。ルベンはこのようなロメリーオ地域におけるベシロ語の状況について、次のように語っている。

ルベン：最も話者数が多く、毎日途切れることなく話されているのは、ロメリーオ地域です。ロメリーオ地域ではあらゆる人が（ベシロ語を）話します。何故なら、純粋な話者、本物の話者がそこにはあるからです。［…］

中野：どうしてロメリーオ地域では現在、大多数がベシロ語を話すようになったのですか？

ルベン：何故なら、（ロメリーオ地域の話者集団は）決して服従させられることを好まなかったから。あるいは、言い換えるなら、奴隷になることを好まなかったからでしょう。それと比べ、コンセプシオン市の周辺にある全ての村は奴隷状態にあったのです。ですから、いわば鞭打ちのような暴力的な形でその言語が消滅させられてしまったのですよ、強制的に、批判されてね。だから、それを話さないのです。

他方で、ロメリーオ地域はそのような服従を好まない勇敢な人々だったのです。彼らはあそこ（ロメリーオ地域）に避難したのですが、ロメリーオ地域はレドゥクシオン（コンセプシオン市やサン・イグナシオ市などのように、植民地時代にイエズス会が行った集住化政策、あるいはその集住化政策によって成立した居住空間）ではない、大変特別な事例です。ということで、彼らは家族単位のみで集まって村落を形成し始めたのであり、だからこそ言語が強く根付いたのです。そういうことで、他の人物の干渉がなく、みな純粋なチキタノです。［…］そういう訳で、ロメリーオ地域においてベシロ語は強いのです、彼らは純粋で、非常に土着的なのです。それが彼らの生活なのです。言語を話す際には、スペイン語ではありません、それは学校によって押し付けられたものですから。それゆえに（ベシロ語は）維持され、皆がベシロ語を話すことができるのです。我々はみなしゃべります。何も問題はありません。私は、私の父、母、弟、姉、甥、皆と（ベシロ語を）話します。話しはするのですが、私が言っているように、そんなにやかましく話す、ということはありませんがね。何度もいうように、ベシロ語で話すように促すと、ベシロ語で我々は話すようになるのです。しかし、大多数は、すべてスペイン語ですがね。しかし、（ベシロ語は）話され、生きられるのです。

この語りにおいては、外部の人々の流入によって「奴隷状態」に陥った、イエズス会の旧布教区のコンセプシオン市と、服従を拒絶し、逃亡した「勇敢な人々」によって建設され、今日まで「純粋なチキタノ」によってベシロ語が生きられているロメリーオ地域、という対比の構図が用いられている。ルベンによると、ロメリーオ地域の形成は、家族単位で進められたものであり、イエズス会が大規模に諸民族を集住化し、一元的な民族の命名や言語政策を行うことで成立していった旧布教区の町とは、その形成過程において大きく異なるという。このような歴史的経緯の違いが、今日のロメリーオ地域において、たとえスペイン語化が進み、ベシロ語とスペイン語の文脈に応じた切り替えが日常的に行われようと、ベシロ語が「話され、生きられる」言語状況の形成に深く寄与した、というのが彼の見解である。そして、このような形で今日まで維持・形成されてきたロメリーオ地域変種は、今日のベシロ語政策においても標準変種として選ばれ、統一化された書記法が作成され、チキタニア地方全体に広まっている。

しかし、注意すべきなのは、ロメリーオ地域ではキリスト教の祝祭をはじめ様々な旧布教区の体制が維持されたということに加え、夏期言語研究所の活動もあったということである。たとえ、搾取を逃れてロメリーオ地域を形成し、そこでベシロ語が維持される状況を形成しようと、チキタノは様々な外部との関わりの中で、歩んできたのである。

【ルベンが見てきた組織や国に対する評価——カトリック教会、先住民組織、ドイツ、夏期言語研究所】

では、ルベンは外部の機関に対して、どのような評価をくだしているのだろうか。ルベンの語りには、先の夏期言語研究所に加え、カトリック教会や、自身が活動を行った先住民組織（「ロメリーオ村落先住民組織（CICOL）」の海外研修で目の当たりにしたドイツの人々の働きぶり、そして今日における先住民組織や政府など、様々な機関が登場する。ルベンは語りの中で、これらの諸機関を、腐敗や責任、あるいは生産などの言葉を用いて評価する。カトリック教会やチキタノの先住民組織、あるいは市役所が、生産性のない腐敗の温床として非難されているのに対し、夏期言語研究所や、ドイツで彼が関わった組織は、責任と生産性をもって仕事を成すという点において、肯定的に評価されている。

そして、本書との関わりにおいて重要なのは、ルベンが自身の授業において、教師と生徒の両者がそれぞれの責任を果たすことの重要さを強調し、また、ベシロ語教材を十分に作成していないとしてベシロ語諸機関の怠慢や無責任さを批判している点である。この二点は、先のベシロ語の多様性の理解と集団の内側からの言語学習の重要性についての語りとともに、ルベンのベシロ語教育観を形作っている。

では、まずはルベンが大学での高等教育を終えたのち、聖職者を目指す際に関わることとなったカトリック教会を、彼が自身の経験からどのように評価しているのかを見てみよう。次の語りでは、ルベンが自身の経験したカトリック教会の「腐敗」が、「先住民チキタノとしての視点」から非難されている。

ルベン：［…］私は神学にも興味をもち、それを修めました。私は、司祭になるためにそこ（コチャバンバ市の神学校）に滞在したのですが、好きになれませんでした。というのも、そこで私は、この現実の世界を見ることになったからです。先住民世界はこの社会的セクターとは全く異なり、私には理解できませんでした。腐敗が好きになれなかったからです。［…］我々に多くの資金が［…］衣食のため、快適さのため、学びのため、送られてきていたのですが、それを管理する者たちがお金を取り、我々にはひどい食事、ひどい扱いを与えていたのです。だから、それに少しずつ疲れてしまったのですね。私はそういったことに関わりたくなかった。そしてその当時から今日までずっと腐敗と共に私は生きているのですね。私は先住民チキタノとしての視点から、そしてまた別の視点から、それを見るのです。私たちはときに間違いを犯すのですが、それは神の名のもとに、横領しているということですし、また世俗世界はもっとひどいものです。

ルベンはこの語りで、彼を含む聖職者を目指す者に対して配分されるべき資金が、腐敗によって正当に配分されなかったことを非難し、その腐敗を自身が聖職者の道を諦めた主な原因として挙げている。そして、そのような腐敗を非難する自身の視点を「先住民チキタノとしての視点」と表現し、神に仕える聖職者を断罪している。

彼の非難は、カトリック教会だけでなく、チキタノ諸機関にも向けられる。すでに述べたように、現在のコンセプシオン市政は、チキタニア地方を含むサンタ・クルス県の自治を主張する保守政党ＭＤＳが運営している。しかし、それ以前は、先住民の権利向上を主張し、現在の国政を担う政党ＭＡＳから、コンセプシオン史上初のチキタノ出身の市長が誕生していた（その後ＭＡＳ支持派は市長選挙に敗北し、市政はＭＤＳの運営に移ったため、市政を運営するのはＭＤＳ、国政やその管理下の機関を運営するのはＭＡＳという、地方と国の間で政治的なねじれ現象を生み出すことになった）。また、ベシロ語政策を運営しているチキタノ言語文化研究所も、ＭＡＳが実権を握る国の文部科学省の管轄にあり、ＭＡＳを支持しているため、ルベンは両者（以前の市役所と、現在のチキタノ先住民組織）を一括りに、与党を支持する先住民組織として認識している。そして、この両者は同様に生産的でない腐敗の温床であり、社会的な責任も果たしていないと断罪されるのである。たとえば、チキタノ出身の市長が担っていた以前の市政について、次のように批判を展開する。

ルベン：今私の目の前には、資金もなく、口座は凍結され、必要な物資も機材も何もない市役所があります。その状態をもたらした人々が、私は理解できませんが、（市役所の内部に）入ったのです。あるいは、彼らは行政という概念を理解していないのかもしれません。というのも、行政というのは、その機能に責任をもつ人物が行わなければならないからです。そういうことです。

それがまさに今私が、生徒たち、同僚の教師たちと誠実な人であろう、模範であろう、と厳しく努めていることなのです。私たちは完璧ではないので、一〇〇パーセントそれを実現は出来ていないのですが、素晴らしいことに、八〇あるいは九〇あるいは九五パーセントに到達することは私たちにも可能なのです。それが現在に至るまでの私の経験です。私は二度の教員経験があり、いまは校長としても働いており、生徒たちのことが気がかりなのです。時に私は彼らに言うのです。「自分を騙そうとするな。何故なら、教えるために私には給料が支払われるが、もし私が準備をせず、急ごしらえの授業をしてしまったら、私はあなたたちを騙しているということになる。しかし、もし私が準備をし、あなたたちがそれをうまく活用しないのであれば、自分たちを騙しているのはあなたたちです。」とね。

この語りにおいては、市の財政難は、行政としての責任をそもそも果たしていない以前の市政の無責任さに由来するとされる。そして、責任を果たす例として、教師と生徒の関係に言及する。教師は十分に準備をして授業を行うことで給料をもらい、生徒はその教師が用意した授業を十分に活用する責任をもつ。それはまた、教師と生徒の両者が自身を騙さず、誠実に責任を果たすことでもある。そして、この責任に関する語りは、ドイツの人々についての彼の肯定的な評価へとつながっていく。

ルベン：したがって、重要なことは自身の給料を誠実に稼ぐことですよね。これらは基本的なこと、原則であり、これはどこに行こうと必要条件なのです。実直さ、透明性、能率、有効性ですね。私はまた幸運なことに、旅行をたくさんしました。[…]（ドイツの経験は）より自分を訓練するのに役立ちました。物事や現実をより明瞭に見られるようにしてくれました。[…] 第一に、私はドイツの時間感覚についていけませんでした。ドイツの時間感覚は正確で厳格なもので、私はあまりそのリズムに慣れることは出来なかったのです。そこでは一分、三分の遅れは損失だ、と言うのですよ。全ては経済活動のもとにあるのです。よって、全ての時間に生産を行うような動きや活動がなくてはならないのです。そのことを私は学んだのです。

この語りにおいて、ドイツの人々の時間厳守の働きぶり、一分一秒の遅れを損失とみなし、常に絶え間なく経済活動がなされていなければならないという考えをルベンは目の当たりにし、強い共感を覚え、そのことを学んだと述べている。そして、このような、常に生産的に経済活動を行うべきという考えは、現在のベシロ語政策に対する批判へとつながっていく。次の語りにおいて彼が展開するのは、現在ベシロ語政策を管理・運営しているチキタノ言語文化研究所や、チキタノ先住民組織のリーダーに対する批判である。

ルベン：とにかく、そういうことで、自身の知識を、共に生きながら、共有しながら、補完していかなければならないのです。というのも、いまコンセプシオン市では、文化的アイデンティティ、言語の救済や復興について多くの人々が話していますが、そこにいる教師たち（チキタノ言語文化研究所などのチキタノ運動組織や師範学校などのベシロ語教師やチキタノ教師）は単にそれを経済的な好機としてしか見ていないのです。しかし、私には彼らが自身の文化を愛しているようには見えないのです。ここでは、リーダーたちが「我々チキタノは！」と話しますが。私はそこで言ったのです、「それは嘘だ」とね。それはいつも真っ赤な嘘だと私たちは言っているのです。何故なら、それ（ベシロ語）を（日常生活において）話していないし、（自らを先住民として）生きていないし［…］このように、理解しなければならない多くの局面があるのですよ、社会的な部分、政治的な部分、経済的あるいは文化的な部分、多くの局面があるのですね。つまり、発展をめざすのは大変なことで、責任をもったやり方で働かないといけないのです。私がいつも私の生徒たちに言うように、（自分自身を）騙すことになるのだ、とね。

この語りにおいて特に批判されているのは、「我々チキタノは」と声高に主張しながらも、普段の日常生活においてベシロ語を使用してもいないチキタノの先住民リーダーや教師たちである。このような批判は、先の語りで見たような、ベシロ語を使用する集団の内側に視点を置き、生きた言葉としてベシロ語を学習すべきという彼のベシロ語教育観とも通底するものである。

さて、このようにルベンが非生産的あるいは腐敗の温床として批判する様々な組織や機関に対し、逆にその成果を積極的に彼が肯定するのは、彼の父もその活動に加わった夏期言語研究所である。ルベンは、その活動について、次のような評価を述べている。

ルベン：［…］ロメリーオ地域は、ベシロ語の強力な基盤なのですが、それは、つまり、福音伝道使節団である夏期言語研究所がベシロ語の全てを復興するために一つの文法を（ロメリーオ地域で）整備し始めたたからなのです。そしてのちには、彼らはベシロ語の教材を作り、最終的にはベシロ語の聖書翻訳を行ったのですが、それは今日の教師たちにとっても大変役立つものでした。

このように、ルベンは自身が関わってきた様々な組織や機関について、その経済活動における生産性や責任の不在という観点から、そしてベシロ語教育政策については、それらに加えてベシロ語を実際に「生きていない」という観点から、批判を展開している。この二つの観点、すなわち生産性や責任を果たすべきという観点と、そしてその民族的・歴史的・地域的多様性を前提としながらも、ベシロ語を使用する集団の内部から実際に生きた言語を学習すべきという観点は、ルベンのベシロ語教育観において重要な二つの柱をなしている。そのようなベシロ語教育観にもとづき、ルベンは、現在生じている先住民の権利向上を掲げる運動や、現政権による法制化、そしてその後のベシロ語を含む先住民言語政策の現状について、次のように総括している。

ルベン：いま、先住民の要求が生じています。というのも、我々は国家に決して（その存在が）承認されたことがなかったからです。最近になり、言語とアイデンティティを持つ民族として、法律で承認されることになったのです。もっといえば、（チキタノ言語文化研究所を設立する法的な根拠となった）大学や研究所を設置するようにという（新たに整備された）教育法すらありますし、公務員の必須条件として自身が居住する地域の（先住民）言語を習得することが求められているのですよ。［…］既に多くの前進があるのです［…］しかし、問題はそれを持続させ、それを求める人々との約束を果たすということでしょう。もうすでに活動は行われているのです、と言うためにね。というのも、素晴らしい目的は大々的に宣言されるものですが、それを実行に移していないということがしばしばあるからです。

この語りに見られるように、ベシロ語教育政策をはじめ、先住民の権利向上を掲げる現政権の問題点について、ルベンは掲げる主張と、その主張を実践するということの乖離を挙げている。そして、先住民の権利向上を求める人々との約束を果たしているか否か、つまり社会的責任という観点から、批判するのである。このように、ルベンのベシロ語教育観、あるいは言語教育観は、その多様性を前提としながらも、話者集団内部の視点から言語を実際に生きつつ獲得するということ、そしてそのような学習目標の達成を期待する人々との社会的責任を果たすため、常に経済的・生産的な活動にベシロ語教師やその生徒たちは従事しなければならない、というものである。

では、本項で見てきたルベンのベシロ語教育観あるいは言語教育観は、彼の授業においてはどのように実践されているのだろうか。

四　ルベンのベシロ語授業の風景

本節では、前節で述べたようなルベンのベシロ語教育観に対し、実際のルベンの授業風景はどのようであるか、筆者に対する個人授業、そして学校における授業、という二つの事例を示し、ボリビアにおける多文化・多言語政策の問題点を考えていく。ルベンの授業実践は、筆者との個人授業においては、筆者が学んできたサン・イグナシオ地域変種との比較を通して、ロメリーオ地域変種のベシロ語を学ぶという形で進行し、ベシロ語という言語の多様性が中心的話題となる。しかしそれに対して、そもそもロメリーオ地域変種が使用され、その変種をベシロ語として教えることが基本とされる学校における授業では、そのような多様性は後景化し、むしろ国家の政治改革により義務となった先住民言語ベシロ語を学習する重要性が強調される。

1　筆者への個人授業

ルベンとの個人授業は、不定期に行われた。というのも、いざ彼の家に住み、生活を始めてみると、彼自身も日中の市役所での仕事で疲れを見せるし、彼を訪ねる客も多く、なかなか個人授業を受ける時間が持てなかったからである。加えて、筆者はコンセプシオン市に居住する前に、サン・イグナシオ市に居住し、すでに別の地域変種の勉強を始めていた。

このような背景から、ルベンとの授業は基本的に、筆者が疑問に思ったことをルベンに尋ねる、あるいは現地調査で得たベシロ語のデータの書き起こしや、あるいはそれを通してベシロ語の文法事項を学ぶ、という作業となった。また、彼は先述のように、ベシロ語という言語を歴史や政治あるいは文化や生業など様々な側面との関連から理解すべきであると考えており、文法事項の説明は一度の授業においてごく一部で、授業はなかなか進まなかった。しかし、筆者の持つ文法書を読んで理解し、かつ分析的にベシロ語を筆者に向かって説明してくれる人物は彼が初めてであった。

以下では、彼と筆者の授業内容を紹介しながら、実際の授業において彼がベシロ語の地域変種の違いについてどのような説明をしたのかを見ていく。授業場面は、筆者がサン・イグナシオ市で入手した、教師のためのチキタノ語指導書を参考にしながら、コンセプシオン市の表現について学んでいるところである。なお、この授業は、ルベンへの最初のインタビューから数日後、ロメリーオ地域出身でベシロ語話者である彼の姑がすぐ傍にいる状態で行われた。その際、ルベンと姑の会話はベシロ語で、ルベンの筆者に対する説明はスペイン語で行われた。

筆者がサン・イグナシオ市で入手した同地域変種の指導書の構成は、まず挨拶から始まる。言語の異なる相手とコミュニケーションをとる際に、まずどのような挨拶をするのか、というのはその言語を新たに学ぶ学習者にとっても取っ付きやすいテーマだろう。ルベンとの個人授業でも、やはりロメリーオ地域やコンセプシオン市においてどのように挨拶がなされ、またそれがどのようにサン・イグナシオ地域変種と異なっているのか、あるいは類似しているのかから始まった。筆者にとってこのサン・イグナシオ地域変種で書かれた指導書の構成は、ルベンとの個人授業を始めるうえで適当に思われた。

さて、次の場面では、サン・イグナシオ地域変種で書かれた挨拶の表現について、ルベンはロメリーオ地域変種の表現と比較しながら、筆者に説明を行なっている。まず、サン・イグナシオ地域変種の指導書の説明を見てみよう。

「挨拶は一つの決まった規則があるものではない、ということを強調することは重要である。このことは、スペイン語でおはよう（ブエン・ディア Buen día）というからといって、他の言語でも正確にブエン・ディアと言わなければならない訳ではないことを意味している。チキタノ＝ベシロ語において、挨拶は一般的に聞き手の良き状態を願う思いを示す。（チキタノ＝ベシロ語で）オシニャ・アエモ **Oxiña aemo** ＝（スペイン語で）エル・ビエン・パラ・ティ **el bien para ti**（君に良きことを願って）。この挨拶に対する返事は、特に意味を持たないものであり、他の表現を用いて返事をすることも可能であるが、イエー（男性）あるいはホオー（女性）と返事をする」［Aguilera Bautista 2014: 1］

この指導書の最初のページでは、まず、挨拶というコミュニケーションが決まった表現を持たないこと、そしてスペイン語の挨拶をそのまま逐語訳しなければならない訳ではないことが強調される。そして、ベシロ語と単独で表現するのではなく、チキタノ語という呼称も含めた「チキタノ＝ベシロ語」と表現することで、ベシロ語を唯一の言語名として教えられてきたロメリーオ地域変種の話者たちと一線を引きながら、挨拶について説明している。

この指導書においては、スペイン語への逐語訳では「君に良きことを」と訳せるような表現（オシニャ・アエモ）が、チキタノ＝ベシロ語の一般的な挨拶とされる。そして、その返事の表現は唯一ではない、と留保をつけながらも、特に意味を持たない二つの返事が、それぞれ男性の返事と女性の返事として説明されている。

この説明に対し、ルベンは次のような注釈を加える。

ルベン：［…］（指導書の箇所を見て）オシニャ・アエモ、つまりは（ロメリーオ地域変種でいう）ウシア・アエモ Uxia aemo か、ウシア・アエモ―つまりは［…］「君に良きことを（Bueno para ti）」、だね。逐語的な翻訳をするならね。君に良きことを、そしてその返事がホオー（男性）だね。こういう風な返事は合っているね。しかし、（この指導書の箇所のタイトルが「挨拶」と題されているのに対して）これは挨拶ではない。（ロメリーオ地域変種を使用する）私たちにとって、挨拶をする際は、シャウメ Xaume を使う。シャウメ、シャウメは女性が言うもので、男性はというとチャモシャウメ Chamuxaume と言う。

この場面では、サン・イグナシオ地域変種のオシニャ・アエモという表現が、逐語的にロメリーオ地域変種のウシア・アエモに翻訳され、そしてその表現から連想されるシャウメというロメリーオ地域の女性話法の挨拶と、チャモシャウメという男性話法の挨拶が、正しい挨拶として提示されている。この過程では、サン・イグナシオ地域変種の挨拶と、ロメリーオ地域変種の挨拶が、異なるものとして、ルベンに認識され、説明されている。

このような微妙な差異は、朝の挨拶の表現の説明箇所でより明らかな形で現れる。次の場面では、サン・イグナシオ地域変種の指導書において、スペイン語のブエノス・ディアス（Buenos días＝おはよう）に相当すると説明されているアストプカ Astopɨka（一人の聞き手に対する朝の挨拶）という表現をめぐり、ルベンが違和感を表明している。この部分はまた、筆者が別の日に彼の姑に確認した際、やはり違いを感じた部分でもある。見てみよう。

ルベン：［…］次、アシュトプカ Axtopɨka（Buenos días= おはよう、一人の聞き手に対する朝の挨拶）［…］とあるが…

中野：それですよ、その部分もあなたの姑に尋ねてみたのです、というのも逐語的にはアストプカ Astopɨka は…

ルベン：「君は目が覚めていますか？（スペイン語：¿Estás despierto?）」でしょう、ええ。［…］しかし、私たちは他のやりかたで翻訳しますね、ええ。

中野：彼らは質問している、と？

ルベン：ええ、相談しているようなものです。質問、ですね。

この場面においては、サン・イグナシオ地域変種で朝の挨拶とされるアストプカ Astopɨka という表現が、ロメリーオ地域変種ではアシュトプカ Axtopɨka に相当すると認識され、単に目が覚めているかどうかを尋ねる表現として理解されると説明されている。この二つの違いは、サン・イグナシオ地域変種では /s/ の音（綴りの s に該当）で発音される部分が、ロメリーオ地域変種では /ʂ/ の音（綴りの x に該当）で発音される、という音声的なものであるが、それに対する意味も異なっているのである。

そして、この「君は目が覚めていますか？　アシュトプカ Axtopɨka?」という表現から、「どのように」を意味する疑問詞ウントゥボ untubo を用い、ルベンは「君はどのように目覚めたか?」Untubo naxtopiki?」という動詞表現を作り、その表現を用いうる場面を次のように説明している。シャ・サルキ? Xa saruki? という表現は、聞き手が親密な関係でかつ単数である場合に用いられる挨拶の表現であり、話し手が男性の場合、一日の時間帯を問わず、「元気かい、兄弟?」という意味をもつ。そして、その返事は、話し手が男性でかつ元気な場合、「チャムシア Chamuxia（元気です）」と返すべきと説明されている。

ルベン：［…］たとえば、いま、我々が尊敬し合う友人関係を築きたいと思ってるとする、私は君に言う［…］「元気かい、兄弟?　シャ・サルキ? Xa saruki?」とね。君は「元気だよ　チャムシア Chamuxia」と返事をすればいい。そしてそこでようやくサン・イグナシオの言い回しが入ってくる。「君はどのように目覚めたかい?　ウントゥボ・ナシュトプク?　Untubo naxtopiki?」、とね。つまり、尋ねているわけです［…］まずは挨拶をしなければならないですね、そして次にこの表現が入ってくるのですよ、もう補足的なものです。［…］つまりとても完全な挨拶になるわけです。それは最後の部分に入るものであって、最初に入るものではありません。これ（サン・イグナシオの指導書にあるアシュトプカ Axtopika という朝の挨拶の表現）は挨拶の始まりの部分のようだ、だから、あまり対応してないね。

ルベンの説明では、サン・イグナシオ地域変種の朝の挨拶の表現は、あくまでも字義通りの意味、聞き手が前日に良く眠れたかどうかを尋ねるためのものであり、挨拶の最初に発話する表現ではないことが強調されている。ルベンはこのような表現も挨拶であるとしながらも、それはあくまで挨拶の最後の部分に入る補足的なもの、「完全な挨拶」を行うためのものと説明している。

そして、それぞれの地域変種の表現を肯定しながらも、コンセプシオン市ではコンセプシオン市の表現を採用するという結論に落ち着いていった。

中野：そうなると、私たちは今コンセプシオン市にいるので、（挨拶の表現には）注意しなければなりませんね？

ルベン：そうです、コンセプシオン市ではね。サン・イグナシオ市では、こういうように挨拶をするのだよ［…］しかし正しい言い方は、出会って、「おはよう、兄弟」「おはよう」「よく眠れたかい？」「良く眠れたよ」というようなものです。つまり、そこでようやく（足りない情報が）補足されるのですね。つまり、もし君という人物に私が興味を抱かなければ、ただ私は「おはよう」以外何も言いません。君の調子が良かったか悪かったかに興味を持たないが、君に挨拶をしたということ。しかし、もし私が君の調子がどうか本当に知りたいのなら、「おはよう兄弟、調子はどうだい？　良く眠れたかい？」「ああ、ぐっすり良く眠れて私は元気だよ」。そのように補足されるのです。

このように地域変種間の違いを前提にしながら、それを障壁ではなくむしろ資源として活用していくという学びのスタイルは、ルベンとの初期の個人授業の特徴であった。しかし同時に、この個人授業の風景にも見られたように、教師としてのルベンは、正しくロメリーオ地域変種のベシロ語を筆者に教えねばならないという責任を強く持っているように筆者には感じられた。では、このような地域変種の違いが基本的に問題とならない、ベシロ語を学んだことのないスペイン語話者の学生が大半の学校の授業において、ルベンはどのような授業実践を行なっているだろうか。

2　学校におけるベシロ語授業の風景

本項では、生徒がそもそも他の地域変種に触れる機会がないため、地域変種そのものが問題にすらならない、学校におけるルベンの授業実践について考えていく。そのような授業でむしろ問題となるのは、あくまでも（ロメリーオ地域変種としての）ベシロ語を学ぶことである。第二節で見たように、ルベンは先住民の権利向上を訴えながらも、現実には生産的な活動を実践していない現政権や、その政策を批判している。しかし、彼のベシロ語の授業では、生徒の学習を動機づけるため、二〇一二年の言語権・言語政策法の話をもちだし、生徒を諭そうとする場面に、筆者は出くわした。彼が当時勤めていた学校は、プロテスタント系の団体が運営し、様々な家庭問題を抱えている生徒を対象に授業を行う学校、ボリビア教育省の区分でいう「特別教育」を担う学校であった。ルベンはその学校の校長を勤めつつ、ベシロ語の授業を週に一回担当していた。

図5　ルベンの授業風景（筆者撮影）。

ルベンの授業は、ベシロ語の基本的な文法事項に加え、歌を歌ったり、絵を描いたり、あるいは小さなレクリエーションを行いながら、動きのある授業を展開するという特徴がある（図5）。中には、ルベンが生徒の学習意欲を動機づけるため、様々な話題を用いて生徒を諭すという場面もある。以下は、二〇一五年七月二〇日に行われた授業の一風景である。

ルベンは、「何故ベシロ語を学ばないといけないのか」について、授業の途中で生徒に向かって説明を始めた。彼によると、その理由は、法律では二〇一五年八月二日までにすべての民間あるいは公共の組織で働く一般労働者あるいは公務員は、(勤務地域の)最低一つの先住民言語を学ばないといけないことになっているからで、皆ベシロ語コースを無事修了できるかどうか心配しているという。二日までは五〇ボリビアーノス(ボリビアーノはボリビアの通貨の単位で、一ボリビアーノスは二〇一九年時点でおよそ一五円)でコースを受講することが可能で、修了すれば教育省から言語能力証明書が届くという。ルベンはこの日の午後か翌日、ベシロ語の授業を行う資格を得るための試験を受けるという。その際、ルベンは「私は問題ないけどね」と強調したうえで、「自分のためにがんばれ、就職先を得るために」と生徒を励ましていた。

この授業が行われた当初は、法律に基づき、公務員と一般労働者に先住民言語能力証明書の提出を求める最終期限が迫っており、この期限を過ぎると、ベシロ語を学ぶコースの受講料が上がるという時期だった。この受講コースと証明書の授与を担うのは、教育省の管理下にあるチキタノ言語文化研究所である。ルベンは、このチキタノ言語文化研究所も含め、現政権を批判していたが、ここではむしろ現政権の法律に基づき、生徒が就職先を得るために、ベシロ語を学習することの重要性が強調されている。

ルベンの学校での授業実践は、筆者とルベンの個人授業とは異なり、国家に認定されているベシロ語の学習の重要性を強調するものである。

しかし、このような言明を、学校の授業のような場で行うことは、言語の多様性やその複雑な歴史を後景化させてしまうことにつながらないだろうか。実際、「ベシロ」という呼称自体、他地域ではそのまま用いることに躊躇し、あくまでもチキタノ語であるという姿勢をくずさず、しかし折衷的にやむなく「ベシロ」と併記する、という方法をとっている。にもかかわらず、ベシロ語コースの試験を担当するのは、ロメリーオ地域出身の話者が多く勤務するチキタノ言語文化研究所の職員である。このような背景がある中で、地域変種の多様性やチキタノの複雑な歴史に言及せず、ベシロ語コースの受講を通して言語能力証明書を入手し、将来の就職先を確保するためにベシロ語学習に励め、というルベンの言明は、前節で確認したような、チキタノという社会集団を内部の視点からみつめ、言語を生きた形で学ぶことでその世界を理解することの重要性を強調するという、彼自身のベシロ語教育観とは乖離しているように筆者には見受けられたのだった。

3　多文化・多言語政策の抱える矛盾

二つの事例から分かるのは、地域変種の多様性が問題となるのは、筆者への個人授業など、異なる地域変種に関して知識をもつ者がお互いに言語について話すときであり、学校での授業実践など、その変種が自明のものとして教えられるような場においては、問題にすらならない、ということである。このことは、国家による多文化・多言語政策の抱える矛盾点を端的に示しているのではないだろうか。すなわち、一方では異なる文化や言語に対する尊重を主張しながら、教育実践の場になると、そのような主張が困難になるのである。

この問題は、近年、新たなベシロ語の教科書を作成するための会議で、他の地域変種との併記をめぐって、地域変種の多様性を積極的に認めようとする言語学者と、併記すべきではない、とするロメリーオ地域出身の教師たちとの間で、議論が生じたこととも関連している。結果として、この教科書はロメリーオ地域変種を基準として書かれたが、随所に他の地域変種を肯定しようとするような（おそらく言語学者がその記述の挿入を主導したような）記述が見受けられる。この教科書を実際にどのように教師が用いるかは定かではないが、ベシロ語教育実践の新たな展開として、今後の動向を引き続き調査していく必要があるだろう。

おわりに

最後に、本書の冒頭で触れた問いを振り返り、多文化・多言語政策について、筆者が思うことを述べたい。まず、多文化・多言語政策が抱える矛盾について述べたい。多文化・多言語主義を掲げるボリビアでも、少なくともルベンのベシロ語教育実践の事例では、地域変種の多様性と一元的な言語政策の矛盾が生じているように筆者には見受けられた。第三節で指摘したのは、個人授業における地域変種間の学びという授業実践と、学校での授業実践の乖離であった。このような乖離が示唆しているのは、多様性の尊重を一方ではうたいながらも、地域的・言語的・民族的なヴァリエーションや複雑な歴史を学ぶ機会が学校の先住民言語教育から捨象されてしまう可能性である。そして、第二節で示したのは、ルベンという一人のベシロ語教師の生い立ちや経験に着目する場合でさえも、単純に「ロメリーオ地域変種を使用するチキタノのベシロ語教師」と表現するだけでは抜け落ちていく、複雑な彼の歴史であった。

このような、彼個人が自分の体験として実際に生きてきた言語の多様性を含む複雑な現実を、学校教育におけるベシロ語の授業実践に積極的に導入していくという方法は、果たしてありうるだろうか。

何れにせよ、前節で述べたように、地域変種の説明も一部含む教科書がついに作成されるなど、ベシロ語（チキタノ語）教育の試行錯誤は現在も続いている。多様性の尊重と語学教育という、国際化を進める日本も無関係ではないこの問題を考えるためにも、今後の展開を注視していきたい。

注

（1）最後の問いについて付言しておきたい。筆者は本書で述べるような事象について「こう考えるべき」と主張しようとしているのではない。むしろ、読者の方々がそれぞれ本書で述べるような事象について各自の考えをもち、そしてその自身の考えについてまた更に考える、そのような再帰的で知的な探求の機会を提供することができれば、筆者としては幸いである。

（2）以下の説明は、ロメリーオ地域変種のものであるが、サン・イグナシオ地域変種をはじめ、広くチキタノ語（ベシロ語）の特徴として言語学的研究に言及されてきたものである［Galeote 1996］。

（3）この背景には、市役所で働くように要請があった際、ルベンがすでにある学校の校長兼教師として勤めていたため、限定的な期間のみ特例で兼務することが認められていたという事情があった。

（4）詳しくは、人類学者ブレット・ガスタフソンによる著作を参照のこと［Gustafson 2009, cf. 中野　二〇一八］。

参考文献

〈日本語〉

中野隆基
　二〇一七a「先住民言語ベシロ語の現状と教育政策」第一三回松下幸之助国際スカラシップフォーラム発表原稿、東京大学、二〇一七年一〇月七日。
　二〇一七b「多言語政策を通した集団間関係の形成をめぐって――ボリビア東部低地チキタニア地方におけるベシロ語教育政策と政党争いの分析から」『社会言語科学会第三九回大会発表論文集』一八―二一頁。
　二〇一八「［書評］Gustafson, Bret, Nuevas Lenguas del Estado: El Pueblo Guaraní y la Educación Indígena en Bolivia [Traducción al Español de Rose Marie Vargas], (La Paz: Plural Editores, 2015), 348p」『イベロアメリカ研究』第七八号、七七―八一頁。
舟木律子
　二〇〇九「〈研究ノート〉ボリビアの地方分権改革――サンチェス・デ・ロサダ政権における『大衆参加法』の狙い」『ラテンアメリカ論集』第四三号、一九―三八頁。
吉江貴文
　二〇〇三「先住民社会における文書循環プロセスの成立と土地所有制度への影響――二〇世紀前半のボリビアにおけるカシーケ法廷代理人運動の事例に基づいて」『民族学研究』第六八巻第一号、二三―四三頁。

渡邊日日
二〇〇七 「マルチリンガリズム論と如何に向かい合うか――『言語』人類学の説明の様式と論理に関する幾つかの省察」『ことばと社会』第一〇号、六八―九三頁。

〈英語〉

Gustafson, Bret

2006 "Spectacles of Autonomy and Crisis: Or, What Bulls and Beauty Queens have to do with Regionalism in Eastern Bolivia" *Journal of Latin American Anthropology* 11 (2): 351-379.

2009 *New Languages of the State: Indigenous Resurgence and the Politics of Knowledge in Bolivia.* Durham: Duke University Press.

Luykx, Aurolyn

1999 *The Citizen Factory: Schooling and Cultural Production in Bolivia.* New York: State University of New York Press.

Taylor, Solange

2004 "Intercultural and Bilingual Education in Bolivia: The Challenge of Ethnic Diversity and National Identiity" *Documento de Trabajo.* 1(4). La Paz: Universidad Católica Boliviana, Instituto de Investigaciones So-cio-Económicas (IISEC) .

Weber, Katinka

2010 *Chiquitano and the State: Negotiating Identities and Indigenous Territories in Bolivia.* Doctoral Thesis, Liverpool: University of Liverpool.

Wroblewski, Michael

2010 *Voices of Contact: Politics of Language in Urban Amazonian Ecuador.* Doctoral Dissertation, Department of Anthropology, Arizona: University of Arizona.

〈スペイン語〉

Aguilera Bautista, Juan Pablo

2014 *Astopika: Kichoniakax auki Chiquitano-Besiro (Texto de Chiquitano en la Variante de San Ignacio de Velasco).* San Ignacio de Velasco.

Arrien, Mario et al.
2006 *Saberes del Pueblo Chiquitano.* Santa Cruz de la Sierra: APCOB.

Choque Canqui, Roberto y Quisbert Quispe, Cristina
2006 *Educación Indigenal en Bolivia: Un Siglo de Ensayos Educativos y Resistenciales Patronales.* La Paz: UNIH-PAKAXA.

Díez Astete, Álvaro
2011 *Compendio de Etnias Indígenas y Ecoregiones: Amazonía, Oriente y Chaco.* La Paz: Cesa.

Fabre, Alain
2005 "Chiquitano". *Diccionario Etnolingüístico y Guía Bibliográfica de los Pueblos Indígenas Sudamericanos.* (ling.fi/Entradas%20 diccionario/Dic=Chiquitano.pdf)

Falkinger, Sieglinde
2012 *Chapie imoti Tupax: Sermones de Fiestas Patronales en Comunidades del Municipio San Ignacio de Velasco. Proyecto Recopilación y Documentación de los Sermones Chiquitanos.* Alcaldía Municipal de San Ignacio de Velasco, ONG NA-MEE y Gobierno Autónomo departamental de Santa Cruz.

Galeote, Jesús
1993 *Manitana auqui Besüro: Gramática Moderna de la Lengua Chiquitana y Vocabulario.* Santa Cruz de la Sierra.
1996 *Manityana auki Besɨro: Gramática Moderna de la Lengua Chiquitana y Vocabulario.* Santa Cruz de la Sierra.

INE (Instituto Nacional de Estadística)
2012 *Censo Nacional de Población y Vivienda 2012.* La Paz; Instituto Nacional de Estadística.

Klein, Herbert
2011 *Historia de Bolivia; De los Orígenes al 2010.* La Paz; Librería Editorial "G. U. M."

Lacroix, Laurent
2004 "Los Chiquitanos a la (Re)conquista de la Autonomía: Estrategias Territoriales y Electorales en el Nuevo Context Político Boliviano" Working Paper halshs-00684708, ERSIPAL/CREDAL. (https://halshs.archives-ouvertes.fr/file/index/docid/684708/filename/Lacroix_L_2004_WP_Estrategias_Chiquitanos.pdf)
2006 "Estrategias Políticas de las Organizaciones Indígenas en el Norte Chiquitano (1994-2003)" Combès, Isabelle. (ed.), *Definiciones Étnicas,* Organización Social y Estrategias Políticas en el Chaco y la Chiquitanía. Actes et Mémoires 11. IFEA.

López Hurtado, Luis Enrique

2005 *De Resquicios a Boquerones: La Educación Intercultural Bilingüe en Bolivia.* La Paz: Plural Editores.

Martínez, Cecilia

2018 *Una Etnohistoria de Chiquitos: Más allá del Horizonte Jesuítico.* Cochabamba; Instituto de Misionología y Itinerarios Edi-torial.

Nakano, Ryuki

2016 "¿Conflictos o Diálogos?: Un Informe sobre el Proceso Actual de la Educación Intercultural Bilingüe del Pueblo Indígena Chiquitano en la Región Chiquitania, Bolivia." *Perspectivas Latinoamericanas* 13: 185-198.

Parapaino Castro, Pablino

2008 *Bésɨro: Guía de Escritura del Idioma Bésɨro.* Santa Cruz de la Sierra: UNIARTE.

Platt, Tristan

2016 *Estado Boliviano y Ayllu Andino: Tierra y tributo en el Norte de Potosí.* La Paz: Biblioteca del Bicentenario de Bolivia.

Riester, Jürgen

1986 *Zúbaka = la Chiquitania: Visión Antropológica de Una Región en Desarrollo.* Cochabamba: Editorial Los Amigos del Li-bro.

THOA (Taller de Historia Oral Andina)

1988 *El Indio Santos Marka T'ula: Cacique Principal de los Ayllus de Qallapa y Apoderado General de las Comunidades Ori-ginarias de la República.* La Paz: THOA.

Tomichá Charupá, Roberto

2002 *La Primera Evangelización en las Reducciones de Chiquitos, Bolivia (1691-1767): Protagonistas y Metodología Misional.* Cochabamba; Editorial Verbo Divino, Universidad Católica Boliviana y Ordo Fratrum Minorum Conv.

Unzueta, Fernando

2000 "Periódicos y formación Nacional: Bolivia en sus Primeros Años" *Latin American Research Review* 35(2): 35-72.

Zavala, Virginia. y Equipo de Investigación

2007 *Avances y Desafíos de la Educación Intercultural Bilingüe en Bolivia, Ecuador y Perú: Estudio de Casos.* Perú y Bolivia: CARE y IBIS.

あとがき

筆者が初めてボリビアに渡航したのは、2010年の夏、学部四年生の夏季休暇であった。後の奨学金を利用したボリビア長期留学の下調べのためである。旧大阪外国語大学に入学し、専攻語として偶然学ぶようになったスペイン語の学習に中々興味を持てず、慣れることの出来なかった筆者は、漠然とスペイン語圏の国々において興味・関心の持てそうなテーマをあえて積極的に決め、大学で学びたい具体的な内容をイメージすることで、専攻語が使用されている地域への留学を計画した。こうすることで、スペイン語を集中的に学ぶという作業に対するモチベーションをなんとか保とうとしたのである。

しかし、スペイン語圏の入門書を手に取っていく中で、スペインであれ、ラテンアメリカ諸国であれ、筆者が関心を持つのはたいていスペイン語以外の言語を使用するとされている人々や、そのような人々をめぐる社会状況であった。多様性の中で統一性を創り出すにはどのような方法があるか、そしてそのような多様性の創造に国家や民衆はどのような役割を果たし得るのか。このような問いを抱くようになった筆者が、先住民の権利向上をはじめとする多様性を前面に押し出した新憲法の草案で、当時話題となっていたボリビアに興味を持ったのは当然の成り行きだったかもしれない。それから、学部での２年間を高地のラ・パス市で、博士課程での２年間を低地のチキタニア地方で調査・研究を行いながら過ごすことになり、本書を執筆するに至った。今後も粘り強く研究を続けていきたい。

本書の刊行にあたり、多くの方々にお世話になった。修士課程の指導教員であった木村秀雄先生、博士課程進学以降の指導教員である名和克郎先生のご指導がなければ、チキタニア地方にて現地調査を行うこともできず、本書を執筆することもなかった。現地調査中においては、本書に登場したルベンとその家族をはじめ、チキタニア地方の教育に携わる教員のみなさま、関係機関職員のみなさまなど、多くの方々にお世話になった。そして、本書の執筆段階では、同期のブックレット執筆者やフォーラム委員の先生方から大変貴重なアドバイスと励ましを頂いた。また、宮地隆廣先生には本書の草稿にコメントを頂いた。以上の皆様に、心より感謝申し上げたい。

本書は、松下幸之助国際スカラシップ、澁澤民族学振興基金、日本学術振興会科学研究費助成事業の助成を受けて行われた現地調査と支援にもとづき、執筆されたものである。

最後に、渡航準備から現地調査、帰国後のフォーラム、そして本書執筆に至るまで、継続して調査・研究の支援を賜っている松下幸之助記念財団の皆様と、風響社の石井社長に心より御礼申し上げる。

著者紹介

中野隆基（なかの　りゅうき）

1988年、広島県生まれ。

大阪大学外国語学部国際文化学科比較文化専攻スペイン語コース卒業、東京大学大学院総合文化研究科超域文化科学専攻文化人類学コース修士課程修了、同博士課程在籍。修士（学術）。

現在、東京海洋大学、上智大学非常勤講師。

主な論文に「制度的場をめぐる多言語社会研究に向けて」（『社会言語科学』第19巻第1号, pp. 21-37, 2016）、"¿Conflictos o Diálogos?: Un Informe sobre el Proceso Actual de la Educación Intercultural Bilingüe del Pueblo Indígena Chiquitano de la Región Chiquitania, Bolivia"(Perspectivas Latinoamericanas, 13: 185-198, 2016) などがある。


ボリビアの先住民と言語教育　あるベシロ語（チキタノ語）教師との出会い

2019年10月15日　印刷
2019年10月25日　発行

著　者　中野隆基

発行者　石井　雅
発行所　株式会社　風響社

東京都北区田端 4-14-9（〒114-0014）
TEL 03（3828）9249　振替 00110-0-553554
印刷　モリモト印刷

ISBN978-4-89489-418-1　C0039